AF360135

NEUF SEMAINES

DE

GOUVERNEMENT

PROVISOIRE

PAR ALEXANDRE WEILL.

Première Livraison.

LES USURPATEURS.

EN VENTE :

CHEZ L'AUTEUR,	A LA LIBRAIRIE,
11, Faubourg Saint - Honoré.	Passage du Grand - Cerf, 52.

ET CHEZ TOUS LES LIBRAIRES DE FRANCE ET DE L'ÉTRANGER.

1848

INTRODUCTION.

Il est un signe infaillible pour reconnaître les bons et les mauvais gouvernements, les grands et les petits hommes. Les bons sont productifs et affirmatifs, c'est-à-dire, ils font le bien, seul et meilleur moyen de défense contre les sots et les envieux. C'est le soc de charrue, qui, après avoir sillonné la terre pour l'ensemencer, sert au laboureur d'arme de défense contre les agresseurs et les ravisseurs. Les mauvais, au contraire, sont stériles et négatifs. Ou ils font le mal, ou, à défaut du mal, ils passent leur temps à faire de la résistance à des soi-disant ennemis, qu'ils inventent, s'ils n'existent pas, afin de cacher leur impuissance.

De tout temps, les mauvais gouvernements de principe ont été rares. L'homme, quoi qu'on dise, ne fait pas le mal pour le mal. Il tend, au contraire, vers le bien, mais, avant tout, il obéit à l'instinct de conservation. Or, voici ce qui est arrivé depuis des siècles.

Les détenteurs du pouvoir étant presque toujours des hommes médiocres, incapables d'organiser et de créer quoi que ce soit, ils songent tout d'abord à se maintenir, n'importe à quel prix. Dans ce but, ils se fortifient et s'enchevêtrent dans leurs créations négatives et stériles, comme une araignée dans son tissu, de manière à ce qu'on ne puisse pas toucher aux hommes sans renverser en même temps les choses. C'est le propre de toute médiocrité de se croire indispensable et de tourner ses moyens vers la résistance. Un homme fort ne recule que pour prendre un nouvel élan, un homme faible est condamné à l'immobilité. Dès qu'il recule, il est perdu. De là vient que tous les pouvoirs faibles n'existent que par la résistance ; de là encore vient qu'ils inventent des ennemis et des oppositions factices, à leur image, afin d'avoir un prétexte pour exister.

Il n'y a pas, sous ce rapport la moindre différence entre le Comité de Salut public, la Restauration et Louis-Philippe. Ces divers gouvernements n'ont différé l'un de l'autre que par les moyens.

Collot-d'Herbois, Carrier, Hébert, Billaud-Varennes, etc., n'avaient d'autre but que de se rendre nécessaires à Robespierre, Danton et Saint-Just, portés pour la clémence. En leur faisant croire que toute la France était peuplée de suspects et de traîtres, ils tendaient tout d'abord à les compromettre par la solidarité du crime ; puis, sentant leur impuissance à faire le bien et à gouverner par la justice, ils ont tâché de se créer de véritables ennemis, afin de se maintenir par la nécessité de la lutte et de la violence. Du moment qu'ils auraient été justes, cléments, ils eussent été superflus, et forcément ils seraient rentrés dans leur obscurité primitive.

Louis-Philippe a employé les mêmes moyens. Décidé à se maintenir au pouvoir, à fonder une dynastie à tout prix, incapable de faire le bien dont il n'avait ni les aspirations, ni la foi, il s'épuisa en ruse, fraude, finesse et corruption, pour faire accroire à la France qu'elle était peuplée de républicains buveurs de sang et de communistes assassins. Dans ce but, il lui fallait des émeutes, des Quénisset, des oppositions factices, sentant bien que sans cela il serait bientôt superflu. Aussi son règne a-t-il été une négation permanente.

Cette politique de médiocrité impuissante et résistante a toujours certaines chances de succès pour quelque temps, mais tôt ou tard elle meurt par un suicide honteux.

Il y a surtout un moyen sûr pour en finir au plus vite: *C'est de la laisser aller toute seule.*

Ne vivant que par la résistance, elle périt bien vite par l'impuissance. Aussi longtemps que les Girondins ont lutté corps à corps avec les Montagnards, ceux-ci se sont maintenus. Du moment que Lyon et Toulon furent soumis, Danton et Desmoulins ont péri sur l'échafaud, et Robespierre a été vaincu. Par qui? par Tallien!

Aussi longtemps que les Républicains firent de la résistance à main armée à Louis-Philippe, celui-ci eut un prétexte pour ne rien faire. Dès que l'émeute eut abdiqué, dès qu'il n'y eut plus de tentative d'assassinat, sa politique négative et impuissante se montra dans sa hideuse nudité et lui-même a été chassé. Par qui? Par une troupe de joyeux gamins!

Il est une autre vérité qui resplendit dans tous les grands événements de l'histoire. Dès qu'un gouvernement, n'importe de quelle forme, ne se tient pas au centre, au-dessus de tous les partis et penche d'un côté plutôt que de l'autre; en d'autres termes, dès qu'un gouvernement ne règne que par et pour un parti, il est renversé tôt ou tard par ce parti même.

Celui-là seul est fort qui se possède soi-même. Or, un gouvernement de parti ne se possède pas, il est possédé. C'est un millionnaire avare qui se croit le maître de sa fortune, tandis qu'il en est l'esclave. Il n'est pas dans l'histoire un gouvernement de parti qui n'ait été dépassé et écrasé par ses propres partisans. Les rois de France ne se sont maintenus qu'autant qu'ils se sont appuyés sur le peuple. Dès qu'ils se sont mis à la tête dès royalistes, ceux-ci les ont poussés à des excès de pouvoir et ont creusé leur tombe. Robespierre aussi a cru être le maître de son parti au nom duquel il écrasait ses ennemis. Il a payé son erreur de sa vie. S'il s'était appuyé sur ses adversaires, il aurait sauvé la République. Napoléon a péri par son propre parti ; il en a été de même de la Restauration et de Louis-Philippe.

On est à la tête d'une nation, ou d'une idée, mais on n'est jamais à la tête d'un parti. Comme dans le serpent, la force d'un parti est dans la queue. C'est un train qui marche à grande vitesse, mais la locomotive n'est pas devant, elle est derrière.

Or, pour abattre un arbre, le fer ne suffit pas, il faut encore du bois. Il n'est pas de hache sans manche *et c'est l'arbre même qui fournit le bois.*

Ces vérités ont-elles été comprises par les hommes qui, depuis le 24 février, sont au pouvoir, à eux confié par le peuple de Paris ? L'histoire que je vais tracer de ces quelques jours séculaires nous le dira. Je serai logique car je suis impartial. S'il existe quelque chose de plus détestable qu'un gouvernement de parti, c'est un écrivain de parti. Un ministre fait une faute. Si c'est un homme fort, il peut y remédier et même la faire tourner à bien. Mais écrire un mauvais livre, dans un but partial et égoïste, c'est un suicide de la pensée, c'est un véritable crime de lèse-divinité ; car

la pensée est le sang de l'âme, car le verbe est l'incar-
nation divine de l'homme.

Les hommes, comme Dieu, ne se révèlent dans toute
leur grandeur que dans les orages et au milieu des
coups de tonnerre. Mais il y a de faux dieux comme il
y a de faux hommes.

Dans l'histoire d'une nation il y a toujours des moments de faiblesse dont un homme médiocre, mais osé,
peut profiter pour conquérir un instant le cœur du
peuple, mais l'homme de génie seul sait le remplir.

Le mauvais apparaît soudainement et passe ; le bon
vient lentement et reste pour devenir meilleur !

ALEXANDRE WEILL.

I.

Les Usurpateurs.

Les Tuileries prises, le roi parti, la raison et le droit s'unirent pour former un gouvernement provisoire, dans le but de convoquer et de consulter immédiatement la nation souveraine.

Peu importe la question de savoir si une régence eût été possible, où même préférable. Si faible que soit un principe, il est possible, du moins pour quelque temps, dès qu'il est soutenu par un homme fort qui sait se créer des moyens à la hauteur du but ; de même que le meilleur principe se suicide dans les mains d'hommes médiocres, qui, au lieu d'être les maîtres de l'idée qu'ils représentent, n'en sont que les laquais. Certes, un chemin de fer est plus démocratique et plus rationnel qu'une diligence. Non-seulement il arrive plus vite au but, mais encore il transporte cent fois plus de voyageurs et d'effets, mais à la seule condition qu'il y ait des ingénieurs expérimentés et des voies de fer bien tracées. Autrement la diligence, conduite par une main sûre, est préférable sous tous les rapports, même pour les conducteurs.

La République n'a pas été inventée à quatre heures de l'après-midi du 24 février. Elle est de droit depuis l'existence de la société ; elle a existé partout avant la monarchie. Si elle n'a pas duré, c'est qu'impatiente et impétueuse de sa nature, elle a su rarement se créer une voie organique pour avancer régulièrement. Ou elle a éclaté, ou elle a déraillé, ou bien elle s'est brisée contre des obstacles qu'elle n'a su vaincre ni par la science ni par la sagesse de la modération. Jusqu'à présent la République n'a été qu'un principe, absolument comme la vapeur est le principe du mouvement.

Le but, si éloigné qu'il fût, a toujours été assez élevé pour être vu et reconnu par tout le monde. Il s'agit maintenant de trouver les hommes marqués du sceau divin, destinés à trouver les moyens d'application directe, afin d'y arriver sans secousses, sans violences, et surtout sans encombres. L'Amérique a existé longtemps avant que Colomb ne l'ait découverte. Plusieurs navigateurs médiocres ont péri, eux et leurs équipages, pour avoir voulu y tendre. Un proche avenir nous dira si, dans la France de 1848, il se trouve des Colomb de la République, assez forts pour maîtriser l'équipage tumultueux et inexpérimenté, et assez heureux pour toucher à la terre, vingt-quatre heures avant d'être jetés par-dessus bord.

Quoi qu'il en soit, que la régence eût été possible ou non, que la République prospère ou non, les quelques membres de la Chambre des députés qui, le 24 février, ont demandé la formation d'un gouvernement provisoire, ont été dans leur droit. De gré ou de force, ils ont obéi à l'impulsion de la logique, ce ressort divin, qui comprimé un instant, rebondit tôt ou tard, avec d'autant plus de force et de violence.

« Pas de régence possible! s'est écrié *M. Ledru-Rollin* dans la séance mémorable du 24 février. Au nom du droit, du droit, que dans les révolutions mêmes il faut savoir respecter, *car on n'est fort que par le droit*, je proteste au nom du peuple contre cette nouvelle *usurpation.* »

M. Ledru-Rollin a raison. Toute forme de gouvernement, possible ou non, imposée au peuple sans l'avoir consulté, est une usurpation. Un gouvernement *provisoire* seul était de droit.

Aussi M. Ledru-Rollin, poussé toujours par la ligne droite de la logique, conclue-t-il par ces paroles remarquables : « Je demande donc, pour me résumer, un gouvernement provisoire, et un *appel immédiat à une Convention*, QUI RÉGULARISE LES DROITS DU PEUPLE. »

Donc une Convention seule pouvait, selon M. Ledru Rollin du 24 février, régulariser les droits du peuple.

M. Lamartine pour n'être pas aussi concis, n'en est pas moins explicite.

« Je demande, dit-il, que l'on constitue à l'instant un gouvernement provisoire, un gouvernement QUI NE PRÉJUGE RIEN, *ni de nos droits, ni de nos sentiments, ni de nos sympathies, ni de nos colères sur le gouvernement définitif, qu'il plaira au pays de se donner quand il aura été consulté.* »

Peu de moments après, un gouvernement provisoire fut constitué au nom du droit absolu, dans le but de faire un appel immédiat à la nation, pour que celle-ci régularise ses droits.

De la Chambre des députés les membres du gouvernement provisoire se rendirent à l'Hôtel-de-Ville, pendant que le peuple vainqueur promenait le trône brisé de Louis-Philippe à travers les boulevards, pour le brûler sous la Colonne de la Bastille.

Peu nous importe les détails de cette soirée orageuse. Nous n'écrivons pas les *Mémoires* de la République du gouvernement provisoire; notre but principal est de résumer les faits pour en faire jaillir des principes qui les ont fait naître. Comme l'homme, l'histoire est double; elle a un corps et une âme. Le corps : c'est le fait; l'âme : c'est le principe. Je ne procède pas par l'analyse, mais par la synthèse; ce n'est pas la mort que j'explique, c'est la vie que je cherche.

Or donc, arrivés à l'Hôtel-de-Ville, rempli et entouré de groupes d'hommes armés, les membres du gouvernement provisoire en s'installant, publièront la proclamation suivante :

AU NOM DU PEUPLE FRANÇAIS.

« Un gouvernement rétrograde et oligarchique vient d'être renversé par l'héroïsme du peuple de Paris. Ce gouvernement s'est enfui en laissant derrière lui une trace de sang qui lui défend de revenir jamais sur ses pas.

» Le sang du peuple a coulé comme en juillet ; mais cette fois ce généreux sang ne sera pas trompé. Il a conquis un gouvernement national et populaire en rapport avec les droits, les progrès et la volonté de ce grand et généreux peuple.

» Un gouvernement provisoire, sorti d'acclamation et d'urgence par la voix du peuple et des députés des départements, dans la séance du 24 février, est investi momentanément du soin d'assurer et d'organiser la victoire nationale. Il est composé de :

MM. Dupont (de l'Eure).
Lamartine.
Crémieux.
Arago (de l'Institut).
Ledru-Rollin.
Garnier-Pagès.
Marie.
Armand Marrast.
Louis Blanc.
Ferdinand Flocon.
Et Albert.

» Ces citoyens n'ont pas hésité un instant à accepter la mission patriotique qui leur était imposée par l'urgence. Quand la capitale de la France est en feu, le mandat du gouvernement provisoire est dans le salut public. La France entière le comprendra et lui prêtera le concours de son patriotisme. Sous le gouvernement populaire que proclame le gouvernement provisoire tout citoyen est magistrat.

» Français, donnez au monde l'exemple que Paris a donné à la France ; préparez-vous par l'ordre et la confiance en vous-mêmes aux institutions fortes qne vous allez être appelés à vous donner.

» *Le Gouvernement provisoire veut la République, sauf ratification par le peuple qui sera immédiatement consulté.*

» L'unité de la nation formée désormais de toutes les classes de citoyens qui la composent, le Gouvernement de la nation par elle-même ;

» La liberté, l'égalité et la fraternité pour principes, le peuple pour devise et mot d'ordre, voilà le Gouvernement démocratique que la France se doit à elle-même et que nos efforts sauront lui assurer. »

S'il existe une forme gouvernementale de droit absolu, c'est, certes, la République démocratique. Seule, la République est logique ; seule encore elle peut être conséquente. Étant le gouvernement de tous, elle peut servir de foyer à tous les droits, de centre de résorption à tous les intérêts, et de point de ralliement à tous les partis. Comme la couleur blanche, simple, unie, et claire, l'absorption de toutes les autres couleurs, la République, forme simple, claire et unie, absorbe toutes les intelligences et resorbe tous les intérêts, tous les partis.

Elle ne perd ce droit primordial que du moment où elle s'impose, soit par la violence, soit par l'intimidation, soit par la menace. Le droit n'est absolu qu'autant qu'il se tient dans les limites de la raison et de la justice. Dès qu'il sort de ces limites, il se suicide. Comme Dieu, le droit est sa propre loi. Dieu ne s'impose pas ; car Dieu est la justice et non la foi. La foi est aveugle, la justice est la lumière. Si l'on m'impose Dieu, au nom de la foi, il est de mon devoir de résister ; car dans ce cas, Dieu est dans le mouvement de résistance et non dans la violence de la foi. La République est toujours de droit ; seulement par la violence elle change de place. Celui qui l'impose, par cet acte même, cesse d'être républicain ; celui-là seul qui résiste l'est véritablement.

Donc le seul moyen d'empêcher une nation d'être républicaine, c'est de vouloir la forcer de l'être.

On a demandé, si ce droit cesserait pour la minorité en cas que la majorité décrétât la monarchie. C'est comme si l'on demandait si le droit de voir cesse dans un pays d'aveugles. Toutefois, en aucun cas, la minorité n'a le droit de tuer la majorité afin de lui faire voir clair. Elle n'a pas même le droit de la soumettre de force à l'opération de la cataracte ; pas plus que la majorité n'a le droit d'empêcher la minorité de prouver, par tous les moyens pacifiques et persuasifs, qu'il vaut mieux voir que de rester aveugle. Si Galilée veut démontrer que la terre tourne, tous les moyens doivent être mis à sa disposition, excepté la violence et la menace. La raison n'arrive jamais à son but avec les moyens de la sottise. L'étreinte de l'amour seul donne la vie, celle de la haine donne la mort.

La raison a toujours existé. Il y a toujours eu une minorité de républicains. Le temps, seul auxiliaire de la raison, a changé la minorité en majorité. C'est dans ce changement de la minorité en majorité que se manifeste le progrès humain : seulement le mouvement des idées devance le temps. Le temps, d'abord lent et lourd, double, triple, centuple sa force motrice. Il fallait vingt siècles à Moïse pour propager l'idée de Dieu ; il ne faut plus que quatre siècles à Jésus pour universaliser l'idée de l'humanité. Bientôt les siècles se réduisent en années, les années en mois, et aujourd'hui quelques jours suffisent pour lancer de Paris à Saint-Pétersbourg une vérité à laquelle des millions de cœurs humains servent de télégraphes électriques.

Quiconque croit pouvoir employer la violence ou la menace pour faire arrêter une idée juste et vraie, ressemble à un sauvage qui met la tête dans la gueule du canon pour l'empêcher de partir.

Quiconque, après l'avoir émise, croit la propager par

la violence et l'agitation, ressemble à un fou qui sème d'abord et qui laboure après.   .

Dans sa première proclamation, le gouvernement provisoire paraît avoir senti les étreintes de la logique et du droit.

Certes, il y a un grand pas de fait entre cette proclamation et les déclarations données à la Chambre; le gouvernement provisoire *veut* déjà la République. Toutefois il ne *l'impose* pas; il la *propose*, en la soumettant à la sanction du peuple. On le voit, il y a eu combat. Le drapeau du gouvernement provisoire doit avoir essuyé plus d'une attaque; car il est lacéré de haut en bas. Il n'en est que plus glorieux. La victoire lui reste. C'est la victoire du droit sur la violence; de la raison sur l'ignorance; de la tête sur le bras!

Cette proclamation fut bien accueillie par Paris et la France.

Dans une autre proclamation de la même date,

M. Dupont (de l'Eure) est nommé président provisoire du Conseil;

M. de Lamartine, ministre provisoire des affaires étrangères;

M. Crémieux, ministre provisoire de la justice;

M. Ledru-Rollin, ministre provisoire de l'intérieur;

M. Michel Goudchaux, ministre provisoire des finances;

M. François Arago, ministre provisoire de la marine;

Le général Bedeau, ministre de la guerre ; il fut bientôt remplacé par le général Subervie ;

M. Carnot, ministre provisoire de l'instruction publique ;

M. Bethmont, ministre provisoire du commerce ;

M. Marie, ministre provisoire des travaux publics ;

M. Garnier-Pagès est nommé maire de Paris ;

MM. Caussidière et Sobrier, furent nommés délégués provisoires de la police. Le dernier quitta bientôt définitivement ce poste ;

M. Étienne Arago fut nommé directeur provisoire des postes ;

Tous les citoyens furent admis à faire partie de la garde nationale sous le commandement de M. de Courtais ;

Les chambres des députés et des pairs furent dissoutes.

La presse était unanime dans ses acclamations. Tout le monde était fier de pouvoir être républicain provisoire à son aise. Les barricades dont Paris était sillonné séparaient seulement les rues, les cœurs étaient unis, les intelligences d'accord.

Le Gouvernement provisoire, fort de son droit, se confiait au bon sens de la population. Il semait l'amour, il récoltait l'admiration.

Le même jour, c'est-à-dire le 25, parut la proclamation suivante :

RÉPUBLIQUE FRANÇAISE.

Liberté, Égalité, Fraternité.

Aux Citoyens de Paris.

« Citoyens de Paris, l'émotion qui agite Paris compromettrait, non la victoire, mais la prospérité du peuple. Elle retarderait le bénéfice des conquêtes qu'il a faites dans ces deux immortelles journées.

« Cette émotion se calmera dans peu de temps, car elle n'a plus de cause réelle dans les faits. Le gouvernement renversé le 22 s'est enfui. L'armée revient d'heure en heure à son devoir envers le peuple et à sa gloire : le dévoûment à la nation seule. La circulation, suspendue par les barricades, se rétablit prudemment, mais rapidement ; les subsistances sont assurées, les boulangers que nous avons entendus sont pourvus de farines pour trente-cinq jours. Les généraux nous apportent les adhésions les plus spontanées et les plus complètes. Une seule chose retarde encore le sentiment de la sécurité publique : c'est l'agitation du peuple qui manque d'ouvrage, et la défiance *mal fondée* qui fait fermer les boutiques et arrête les transactions.

« Demain l'agitation inquiète d'une partie souffrante de la population se calmera sous l'impression des travaux qui vont reprendre et des enrôlements soldés que le gouvernement provisoire a décrétés aujourd'hui.

« *Ce ne sont plus des semaines que nous demandons à la*

capitale et au peuple, pour avoir réorganisé un pouvoir populaire et retrouvé le calme qui produit le travail. Encore deux jours, et la paix publique sera complétement rétablie! Encore deux jours, et la liberté sera inébranlablement assise! Encore deux jours, et le peuple aura son Gouvernement! »

Les membres du Gouvernement provisoire.

Cette proclamation, tant soit peu tourmentée, annonce clairement que le gouvernement provisoire est toujours décidé à faire un appel direct à la nation.

Dans une autre proclamation, adressée à l'armée, le gouvernement provisoire tend « *à rétablir l'unité de l'armée et du peuple, un moment altérée.* »

Le 24, l'armée avait quitté Paris, le 25 elle devait rentrer dans la cité, cimenter son alliance avec le peuple sous le drapeau de la vraie fraternité.

Cette journée mémorable du 25 février est presque l'œuvre entière de M. de Lamartine. C'est lui, qui, s'incarnant dans le droit absolu de toute la France, a résisté à la pression violente de la masse armée, qui en le menaçant de mort, demandait la République définitive. Certes, M. de Lamartine n'était pas seul de son opinion. M. Ledru-Rollin a dû se rappeler encore les paroles prononcées la veille à la face de l'Europe, mais M. de Lamartine seul fut l'interprète courageux de la logique violentée. Cela résulte clairement de l'allocution suivante prononcée ce jour même, en présence d'une foule innombrable.

« On vous promène de calomnie en calomnie contre
les hommes qui se sont dévoués, tête, cœur, poitrine,
pour vous donner la véritable République, la République de tous les droits, de tous les intérêts, de toutes
les légitimités du peuple. »

« Hier vous me demandiez *d'usurper*, au nom du
peuple de Paris, sur les droits de trente-cinq millions
d'hommes ; de leur voter *une République absolue*, au lieu
d'une République *investie de la force de leur consentement ;* c'est-à-dire de faire de cette République imposée et non consentie, la volonté d'une partie du peuple,
au lieu de la volonté de la nation entière. Aujourd'hui
vous nous demandez le drapeau rouge à la place du
drapeau tricolore. Citoyens, pour ma part, le drapeau
rouge, je ne l'adopterai jamais ; et je vais vous dire,
dans un seul mot, pourquoi je m'y oppose de toute la
force de mon patriotisme. »

» C'est que le drapeau tricolore, Citoyens, a fait le
tour du monde avec la République et l'Empire, avec
nos libertés et nos gloires, et que le drapeau rouge n'a
fait que le tour du Champ-de-Mars, traîné dans les flots
de sang du peuple. »

Et comme une victoire est toujours suivie par une
autre victoire, le courage de M. de Lamartine fut ré-
compensé à l'instant même par l'adoption du drapeau
tricolore et par l'éloignement du drapeau rouge. C'est
logique. S'il avait cédé sur le principe, forcément il

aurait été vaincu sur les conséquences. Le drapeau rouge est le symbole de la République imposée. Sa devise est : *La liberté ou la mort*. Il a disparu du moment que la République se rangea sous la bannière de la liberté d'opter, de penser et de vivre.

Le peuple français, qui a tant de brillantes qualités, n'a guère le génie de l'organisation spontanée. Il a tellement l'instinct de ce défaut, qu'il est toujours pour les hommes forts. Il les suit même trop aveuglément. M. Lamartine s'est montré fort, courageux et logique le 25 février. Aussi le peuple, mu par ce choc électrique, tressaillant d'aise et d'admiration, a-t-il suivi comme un seul homme le chef véritable du gouvernement provisoire.

Cette dictature d'attraction a duré un jour ; juste autant que le droit.

M. Lamartine fit plus ; c'est lui qui conçut l'idée de créer la garde nationale mobile.

Ce fut encore de la force, le salut dans le danger. Par cette mesure hardie, il planta un mât sur le lieu du naufrage même ; mât qui devait servir à la fois de signal de ralliement et de paratonnerre pour attirer seul la foudre, sous un ciel sillonné d'éclairs, obscurci de nuages, et gros d'orages.

Voici l'ordonnance :

« Le gouvernement provisoire arrête :

» 24 bataillons de garde nationale mobile seront immédiatement recrutés dans la ville de Paris.

» L'enrôlement commence dès aujourd'hui, à midi, dans les 12 mairies d'arrondissement où se trouvera son domicile.

» Ces gardes nationaux recevront une solde de 1 fr. 50 c. par jour, et seront habillés et armés aux frais de la patrie.

» Le ministre de la guerre est chargé de se concerter avec le commandant-général des gardes nationales de la Seine, pour l'organisation, la prompte instruction et l'armement des susdits bataillons.

» Hôtel-de-Ville, 25 février. »

Le général Duvivier fut nommé commandant de la garde mobile.

Cette ordonnance est signée seulement par Lamartine et Garnier-Pagès.

Le gouvernement provisoire était en permanence depuis le soir du 24 février; on se distribuait le travail selon les aptitudes et les forces de chacun. Ainsi, pendant que Lamartine s'efforça de réorganiser l'ordre par la liberté, M. Louis Blanc entra de plein pied dans la question sociale. Après avoir annoncé au nom du Gouvernement provisoire que les Tuileries seront transformées en hôtel des invalides civils, évidemment dans le but de les sauver d'une destruction complète; il rédigea et signa avec Garnier-Pagès la proclamation suivante :

RÉPUBLIQUE FRANÇAISE.

Paris, le 25 février 1848.

« Le gouvernement de la République française s'engage à garantir l'existence de l'ouvrier par le travail ;

» Il s'engage à garantir du travail à tous les citoyens ;

» Il reconnaît que les ouvriers doivent s'associer entre eux pour jouir du bénéfice légitime de leur travail ;

» Le gouvernement provisoire rend aux ouvriers, auxquels il appartient, le million qui va échoir de la liste civile. »

Cette proclamation est remarquable sous plus d'un rapport. D'abord elle montre le tâtonnement et l'incertitude de l'auteur sur les plans de réorganisation sociale. Après avoir promis du travail à tous les citoyens, après avoir garanti l'existence par ce travail même, le législateur moderne arrive à la conséquence équivoque : « de *reconnaître* que les ouvriers *doivent s'associer entre eux* pour jouir du bénéfice légitime de leur travail. »

Que veut-il dire ? Que les ouvriers ont le droit d'associer leur travail et d'en partager les bénéfices. Cela n'a jamais été contesté. Aucune loi n'a jamais interdit à des ouvriers de s'associer pour partager les risques de perte et de bénéfice. C'eût été une loi digne de la Palisse

Toute la loi est dans ces deux mots. Il *reconnaît* que les ouvriers *doivent* s'associer, c'est-à-dire, que dorénavant, ils ne *doivent* plus travailler qu'*associés* et surtout associés *entre eux*. En d'autres termes : il n'y aura ni patrons, ni maîtres, ni capital. L'ouvrier seul doit se suffire, le travail seul est maître absolu. Quant au capital, c'est l'État qui le fournira. L'État seul sera le patron du travail.

Inutile de parler du talent, il ne servira plus qu'à augmenter le travail. Plus on a du talent, plus on aura de devoirs. On le voit, cette proclamation est l'aurore de l'égalité des salaires.

Du reste, mielleuse en apparence, elle est fausse jusque dans les détails du style. « Le gouvernement provisoire, dit-elle, rend aux ouvriers — auxquels il appartient — le million qui va échoir de la liste civile » On ne sait pas si c'est le million ou le gouvernement provisoire qui appartient aux ouvriers. M. Louis Blanc, homme de talent, s'est toujours distingué par la clarté et la limpidité du style, mais quand l'idée est fausse, l'expression en est rarement juste.

Toutefois, à part quelques esprits qui connaissaient les idées de Louis Blanc sur l'organisation du travail, on n'attacha pas à sa proclamation toute l'importance qu'elle méritait. On était trop content de la victoire de M. de Lamartine pour aller chercher un sujet d'inquiétude dans l'utopie naissante de Louis Blanc. Ce jour-là fut complétement voué à la raison et au droit.

La position conquise par M. de Lamartine fut fortifiée encore par la circulaire suivante adressée par M. Goudchaux :

Aux agens comptables de tout grade de l'administration des finances.

Paris, 25 février 1848.

» Monsieur, le gouvernement provisoire vient de me confier la direction de l'administration des finances. En acceptant cette position, je crois faire acte de dévouement et de bon citoyen ; c'est aussi, je n'en doute pas, ce que la France doit attendre des agents et des comptables du ministère des finances. En dehors des luttes et des passions, vous y avez été mêlés moins que tous autres, que cette position reste la vôtre, faites preuve de la même droiture et de la même exactitude à remplir vos fonctions, et tous vous pouvez compter sur mon concours et mon appui. Je compte aussi sur vous et sur votre dévouement à la France.

» Le Ministre des finances,
» GOUDCHAUX. »

Cette circulaire est presque le seul document officiel émané par M. Goudchaux. Elle seule donne la clé de sa retraite volontaire, qui a eu lieu quelques jours après.

Il est clair que, ce jour-là, le gouvernement provisoire ne songeait nullement à l'envoi des commissaires révolutionnaires dans les provinces. A quoi auraient-ils servi, puisque les élections générales devaient avoir lieu immédiatement, en toute liberté? Il aurait suffi de révoquer les préfets et les fonctionnaires compromis par une servilité flagrante et de confier l'administration aux municipalités.

Tout-à-coup la scène change.

La France, à peine débarrassée de l'usurpation de deux cent mille électeurs pris sur trente-cinq millions d'hommes, tombe subitement sous le joug de six mille hommes armés, venus on ne sait d'où, qui, en vertu de leurs fusils et de leurs bras, proclament la République définitive et absolue, en déclarant traître à la patrie quiconque oserait avoir une opinion autre que la leur.

Le gouvernement provisoire, abdiquant son pouvoir légitime, prend part à l'usurpation et publie la proclamation suivante :

RÉPUBLIQUE FRANÇAISE.

Liberté, égalité, fraternité.

Au nom du Peuple français.

« Citoyens,

» La royauté, sous quelque forme qu'elle soit, est abolie.

» Plus de légitimis me, plus de bonapartisme, pas de régence.

» *Le gouvernement provisoire a pris toutes les mesures*

nécessaires pour rendre impossible le retour de l'an-cienne dynastie et l'avénement d'une dynastie nouvelle.

» *La République est proclamée.*

» Le peuple est uni.

» *Tous les forts qui environnent la capitale sont à nous.*

» La brave garnison de Vincennes est une garnison de frères.

» Conservons avec respect ce vieux drapeau répu-blicain, *dont les trois couleurs ont fait avec nos pères le tour du monde.* »

Jusqu'à présent c'est hardi et franc. Voici mainte-nant le sophisme et l'hypocrisie.

« Montrons que ce symbole d'égalité, *de liberté,* de fraternité, est en même temps le symbole de l'ordre, et de l'ordre le plus réel, le plus durable, puisque *la justice en est la base et le peuple entier l'instrument.* »

Dès qu'un gouvernement a quitté le droit, il com-mence par la violence et finit par le mensonge. Que s'est-il donc passé dans la nuit du 25 au 26, pour que M. de Lamartine ait enfin consenti *d'usurper,* au nom d'une partie du peuple de Paris, sur le droit de trente-cinq millions d'hommes; de leur voter une République absolue, au lieu d'une République investie de la force de leur consentement?

Il est un proverbe biblique qui dit : Ne juge pas ton voisin avant d'avoir été à sa place.

Je m'abstiendrai donc de qualifier la désertion momentanée de M. de Lamartine de son poste d'honneur. Je tâcherai seulement de l'expliquer et d'en tirer les conséquences.

Il y a deux hommes en M. de Lamartine : l'homme actif et l'homme passif.

Aspirant tous les nobles sentiments, toutes les grandes idées de la nation, il les purifie, les élucide par une forme brillante et poétique et les met à la portée de tous, sans distinction d'âge, de sexe et d'intelligence. C'est le moule de la nation française, mais ce n'en est pas l'initiateur. Sa force est une force d'inertie. Elle est immense, elle est surtout salutaire dans un pays où il y a plusieurs partis avec lesquels il faut compter; c'est, en un mot, le fléau modérateur de la balance politique de la France.

Du premier coup, M. Lamartine voit et reconnaît le vrai, le beau et le juste. Il y tend tout naturellement; mais, pour y pencher, il lui faut un appoint, et si cet appoint manque, il reste droit mais inactif.

Il est certain que les membres du gouvernement provisoire n'étant plus d'accord sur les principes, se sont fait de mutuelles concessions dans la nuit du 25 au 26 février; car après avoir proclamé la République absolue, ils s'empressent d'abolir la peine de mort en matière politique.

« Le gouvernement provisoire, convaincu que la grandeur d'âme est la suprème politique, et que chaque révolution opérée par le Peuple français doit au monde la consécration d'une vérité philosophique de plus ;

« Considérant qu'il n'y a pas de plus sublime principe que l'inviolabilité de la vie humaine ;

« Considérant que dans les mémorables journées où nous sommes, le gouvernement provisoire a constaté avec orgueil que pas un cri de vengeance ou de mort n'est sorti de la bouche du Peuple ;

« Déclare :

« *Que, dans sa pensée, la peine de mort est abolie en matière politique, et qu'il présentera ce vœu à la ratification définitive de l'Assemblée nationale.*

« Le gouvernement provisoire a une si ferme conviction de la vérité qu'il proclame au nom du Peuple français, que si les hommes coupables qui viennent de faire couler le sang de la France, étaient dans les mains du Peuple, il y aurait à ses yeux un châtiment plus exemplaire à les dégrader qu'à les frapper. »

Evidemment, cette seconde proclamation doit servir

de tampon à la première, dans le but d'amortir le choc du despotisme de la République imposée.

Mais en vain, ce tampon est creux et fragile. Du moment qu'un gouvernement se met au-dessus du droit, il n'y a plus de loi. Il y a seulement des capitaines qui n'ayant plus de principe primordial pour boussole, changent avec le vent et selon les caprices des matelots.

A quoi bon, après tout, *présenter ce vœu à la ratification définitive de l'Assemblée nationale,* puisque l'on ne daigne plus lui soumettre la forme du gouvernement. Quand l'ours est abattu, on ne le consulte pas sur sa peau.

Ce n'est, du reste, qu'une contradiction de plus ; car dès ce moment, il n'y a plus que fautes et contradictions. Une fois le principe du droit et de liberté violé, forcément les conséquences en sont fausses, stériles et despotiques.

Dès-lors enfin, il n'y a plus de Gouvernement PROVISOIRE. C'est l'anarchie qui a ceint l'écharpe de la dictature définitive.

Ce n'est plus la nation qui se gouverne, mais une minorité composée d'hommes suffisants et orgueilleux qui imposent leur stérile tyrannie, sous la ceinture dorée de la liberté.

Qui, représentants d'un parti exclusif, ne comprenant la grandeur que dans la force brutale, sont autant de géants Polyphème, *qui n'avait qu'un œil.*

Qui tendent à faire de la France un lit de procuste républicain au nom du jésuitisme de l'égalité.

Qui, étant petits par l'esprit, le talent et la raison, exigent, que tout ce qui est grand par le génie, la vertu, l'ordre, le travail, l'indépendance et la fortune se courbe devant eux, pour qu'ils paraissent seuls grands.

Qui, là où ils ne sont pas assez forts pour soumettre des millions d'hommes, tendent à élever, à leur orgueil humilié un socle quelconque, pour rester en vue. Peu leur importe alors, que se soit un fumier ou un monceau de cadavres.

Qui enfin, sous le mot, fraternité, n'entendent qu'une République avec l'ordre du cimetière, avec le luxe des pompes funèbres.

Dès-lors, il ne peut plus être question de l'appel immédiat à l'*Assemblée nationale*. Ce n'est plus qu'une espéce de *diète* délibérante. On l'adoptera quand elle sera bien gentille et bien obéissante, on la renverra, si elle ose avoir une opinion à elle.

L'État, c'est le gouvernement provisoire qui n'est plus provisoire.

Dès-lors, enfin, il faut des commissaires ordinaires et extraordinaires pour terroriser les provinces, afin que celles-ci envoient des députés satisfaits, absolument comme dans le bon vieux temps de la monarchie imposée.

Pour être commissaire et fonctionnaire républicain, il ne faut plus alors ni talent, ni esprit, ni connaissances administratives et gouvernementales. Il faut être républicain : il faut être du parti des gouvernants.

Le républicanisme n'est plus un principe sacré, basé sur le droit et la raison, c'est un état. Or, dans un état, il y a apprentissage, compagnonage et maîtrise. En un mot, il faut être républicain de la veille ; c'est-à-dire, avoir fait le tour de France ; s'il est possible, de Doullens au Mont-Saint-Michel. Autrement on n'est qu'un misérable apprenti ; c'est-à-dire, un républicain du lendemain ; s'appelât-on Corneille, Molière, Lafayette, Washington ou Franklin.

Des idées, du talent, de l'urbanité, de la science ;— à quoi bon ? Dans une République despotique il faut être ou faire semblant d'être comme les maîtres, c'est-à-dire, républicain despote. Comme les anciens rois qui se couchaient, la couronne sur la tête, il faut que le bonnet phrygien leur serve même de bonnet de nuit.

Tout cela fut l'œuvre d'un jour ; le jour, où M. de Lamartine et ses collègues cédèrent à l'intimidation et au despotisme de l'anarchie. Dès ce moment ils n'eurent plus de force morale. En vain, soutenus par la majorité de la nation, s'efforcèrent-ils de se relever de cette chute. Comme des pendus agonisants, ils donnaient des coups de pied à l'air. Ce n'est pas l'air qui leur faisait mal, mais la corde. La corde, ce fut l'étranglement du droit imprescriptible de trente-cinq millions de Français par une minorité de républicains moscovites.

Elle fut coupée, le 16 avril, par la garde nationale de Paris.

Aussi, dès le 26, la République provisoire, transformée en République définitive, ressemble quelque peu à un engagé volontaire, qui se rend à l'armée, les chaînes aux pieds et les menottes aux mains.

Arrêtons-nous là. Il y a des jours qui valent des siècles. Le 24 février, Louis-Philippe, imposé à la France par quelques députés usurpateurs, s'enfuit devant le souffle du droit et de la logique.

Le 25, un Gouvernement provisoire, fort de son droit et de l'acclamation du peuple, s'installe dans le but de convoquer et de consulter la nation, pour régulariser les droits de tous.

Le 26, ce même Gouvernement provisoire, au nom d'une minorité turbulente et violente, proclame la République absolue, et usurpe à son tour les droits de la Nation. Dès-lors ce n'est plus un Gouvernement, c'est un parti.

Somme toute, une journée de légalité et de liberté entre deux usurpations.

9 782329 654812